Mel Bay's Best 4-String Full-Page Tab Book

1 2

Visit us on the Web at www.melbay.com — E-mail us at email@melbay.com

❶
❷
❸
❹

❶
❷
❸
❹

❶
❷
❸
❹

❶
❷
❸
❹

❶
❷
❸
❹

❶
❷
❸
❹

❶
❷
❸
❹

❶
❷
❸
❹

❶
❷
❸
❹

❶
❷
❸
❹

MEL BAY PUBLICATIONS, INC.

1
2
3
4

1
2
3
4

1
2
3
4

1
2
3
4

1
2
3
4

1
2
3
4

1
2
3
4

1
2
3
4

1
2
3
4

1
2
3
4

1
2
3
4

1
2
3
4

1
2
3
4

1
2
3
4

1
2
3
4

1
2
3
4

1
2
3
4

1
2
3
4

1
2
3
4

1
2
3
4

❶
❷
❸
❹

❶
❷
❸
❹

❶
❷
❸
❹

❶
❷
❸
❹

❶
❷
❸
❹

❶
❷
❸
❹

❶
❷
❸
❹

❶
❷
❸
❹

❶
❷
❸
❹

❶
❷
❸
❹

❶
❷
❸
❹

❶
❷
❸
❹

❶
❷
❸
❹

❶
❷
❸
❹

❶
❷
❸
❹

❶
❷
❸
❹

❶
❷
❸
❹

❶
❷
❸
❹

❶
❷
❸
❹

❶
❷
❸
❹

1
2
3
4

1
2
3
4

1
2
3
4

1
2
3
4

1
2
3
4

1
2
3
4

1
2
3
4

1
2
3
4

1
2
3
4

1
2
3
4

MEL BAY PUBLICATIONS, INC.

1
2
3
4

1
2
3
4

1
2
3
4

1
2
3
4

1
2
3
4

1
2
3
4

1
2
3
4

1
2
3
4

1
2
3
4

1
2
3
4

MEL BAY PUBLICATIONS, INC.

❶
❷
❸
❹

❶
❷
❸
❹

❶
❷
❸
❹

❶
❷
❸
❹

❶
❷
❸
❹

❶
❷
❸
❹

❶
❷
❸
❹

❶
❷
❸
❹

❶
❷
❸
❹

❶
❷
❸
❹

❶
❷
❸
❹

❶
❷
❸
❹

❶
❷
❸
❹

❶
❷
❸
❹

❶
❷
❸
❹

❶
❷
❸
❹

❶
❷
❸
❹

❶
❷
❸
❹

❶
❷
❸
❹

❶
❷
❸
❹

❶
❷
❸
❹

❶
❷
❸
❹

❶
❷
❸
❹

❶
❷
❸
❹

❶
❷
❸
❹

❶
❷
❸
❹

❶
❷
❸
❹

❶
❷
❸
❹

❶
❷
❸
❹

❶
❷
❸
❹

MEL BAY®